AF500164

MÉMOIRE

SUR L'ÉTAT ACTUEL

DE

L'ÉGLISE GRECQUE CATHOLIQUE

DANS LE LEVANT.

MARSEILLE.

IMPRIMERIE D'ACHARD, MARCHÉ DES CAPUCINS, 4.

1841.

MÉMOIRE
SUR L'ÉTAT ACTUEL
DE
L'ÉGLISE GRECQUE CATHOLIQUE
DANS LE LEVANT.

C'est un fait certain et bien connu que l'église grecque resta parfaitement unie à l'église romaine pendant les dix premiers siècles du christianisme, et qu'elle était conséquemment entièrement catholique et très-jalouse de ne rien changer du propre rite grec. Le clergé de cette même église a toujours été distinct des autres, par une forme particulière de vêtement, c'est-à-dire que les Patriarches et les Évêques portaient et portent encore au-dessus de leurs habits un vêtement long et large de drap ou d'autres étoffes de laine de couleur noire ou bleu très-foncée, et sur la tête un chapeau rond sans bords, que l'on nomme en grec *camilafco*, et en arabe *calansuè* ou *callussè*, semblable au mortier des juges en France, qu'ils couvrent avec un voile de soie ou de laine de couleur noire, lequel se nomme en grec *kokolion*, et en arabe *latié*, et c'est pour eux un signe de virginité perpétuelle. Ils tiennent en outre dans leur main droite le bâton pastoral, lequel se porte élevé devant eux quand ils montent à cheval; le restant des vêtements, qu'il soit de soie ou d'autres étoffes, est toujours de couleur obscure.

Les prêtres, les diacres et sous-diacres non mariés, ainsi que tous les moines, portent le vêtement de dessus long moins large et de couleur noire, et en tête le susdit *camilafco*. De tels vêtements sont pour eux comme des habits sacrés, qu'ils portent dans les fonctions solennelles et même ils conservent sur la tête, pendant la sainte messe, le *camilafco* jusqu'au moment de la consécration.

L'empereur Markianos se déclarant défenseur du concile œcuménique de Calcédoine qui fut tenu en l'année 451, les hérétiques Eutichéens de Syrie, condamnés dans ce concile, nommèrent ceux qui en suivaient les décisions Melkites, c'est-à-dire impériaux, parce qu'ils étaient protégés par le susdit empereur, et c'est ainsi que ce surnom de Melkites devint comme un titre pour toute l'église grecque qui suivit les décisions de ce concile.

Vers le dixième siècle, le schisme de l'église grecque ayant éclaté, tout le clergé grec, qui se sépara de l'union de l'église romaine, conserva la susdite forme de vêtements sans que le clergé grec qui lui resta uni s'y opposa, ni l'obligea à en changer la forme. Plus tard, vers le quinzième siècle, le concile universel de Florence opéra la réunion de l'église grecque schismatique à l'église romaine; mais la plupart des Grecs retombèrent bientôt dans le schisme; et Constantinople ayant été prise par Mahomet II, tout le clergé grec, tant schismatique que catholique, conserva la même forme de vêtements, d'autant plus que l'église romaine n'a jamais cessé de recommander, par des ordres continuellement répétés, aux Grecs catholiques, l'étroite observance du propre rite grec, ainsi que les droits, la discipline, les mœurs, etc.; afin de n'apporter aucun obstacle au retour des schismatiques à l'union catholique.

Cependant le titre de Melkite étant devenu commun, tant pour les Grecs catholiques que pour les schismatiques sans distinction, il fut nécessaire de distinguer ceux qui restèrent unis à l'église romaine; aussi n'est-ce plus sous le titre de *Melkites* qu'on les distingue, mais sous celui de *Grecs Melkites catholiques.*

La Cour Ottomane reconnut le Patriarche grec de Constantinople comme chef de toute la nation grecque, et ne considéra les Grecs catholiques que comme ses diocésains, aussi fut-il facile à celui-ci de les représenter continuellement à la Porte, sous un point de vue de rebellion continuelle avec lui, séparés de sa communion et d'en obtenir conséquemment des ordres souverains, en vertu desquels plusieurs des Évêques et des Prêtres grecs catholiques étaient exilés dans des lieux éloignés de leur diocèse, ce dont leur nation souffrait des dommages immenses.

Dans divers diocèses de la Syrie, les Grecs catholiques furent injustement et forcément obligés de faire bénir leurs mariages, baptiser leurs enfants et ensevelir leurs morts par les Prêtres grecs schismatiques; et de payer la dîme à leurs Évêques. Toutes ces vexations étaient exercées d'une manière si despotique que des morts catholiques sont restés longtemps avant d'être ensevelis, et que l'on ne pouvait en obtenir la permission que sur la présentation du reçu de la somme exigée par l'Évêque schismatique.

De si cruelles persécutions, qui furent exercées par les grecs schismatiques contre les grecs catholiques, dans les siècles passés, sont bien connues dans l'histoire de la Syrie, et parmi les documents qui les prouvent, il en est un existant dans les registres du grand tribunal de la ville de Seyde; émané des juges, sous la date du 15 ramadan 1135; c'est-à-dire depuis 121 ans, en faveur des Grecs catholiques de toute la Syrie, qui détruit et condamne les fausses accusations avancées à la Porte par les Grecs schismatiques contre les catholiques.

Les deux dernières persécutions exercées depuis le commencement de ce siècle sont connues de chacun. La première fut dans l'année 1817, quand l'Évêque Gérasime, grec schismatique d'Alep, exila, selon son bon plaisir, tous les Curés grecs catholiques de cette ville, et fit par le moyen de Coreid Pacha, décapiter onze individus notables de la nation grecque catholique, ce qui obligea un grand nombre de familles à se disperser dans diverses parties du monde; plusieurs vinrent se réfugier à Marseille.

La seconde eut lieu pendant l'année 1820, lorsque l'Évêque Zacheria, grec schismatique de Tripoli de Syrie, muni des ordres de la Sublime Porte, fit à sa volonté lier les Prêtres catholiques grecs de Damas avec des chaînes de fer et les exila dans l'île de Ruad, ce qui occasionna de grands dommages aux Catholiques de Seyde, de Saint-Jean-d'Acre et particulièrement à ceux de Damas, dont la majeure partie se dispersa en divers pays. Ces maux seraient devenus bien plus grands si le sultan Mahmoud, indigné de la conduite des Grecs en Morée, n'avait fait mettre à mort leur Patriarche à Constantinople.

Cependant malgré de si barbares persécutions souffertes par les Grecs catholiques dans le Levant pendant plusieurs siècles, ils ont nonobstant conservé leurs Patriarche, Évêques, Églises, Monastères d'hommes, de femmes et tout leur clergé, observant leur propre rite, discipline, mœurs et formes antiques de vêtements, quoique la Sublime Porte ne les reconnut point comme une nation séparée; mais qu'elle les connut seulement sous le nom générique de grecs comme s'ils étaient sujets du Patriache de Constantinople. Devant observer partout la même antique forme de vêtements, à l'exception des deux villes de Damas et du Caire, dans lesquelles résident les deux Patriarches schismatiques d'Antioche et d'Alexandrie, qui bien souvent envoyaient en exil ceux qui se montraient dans ces deux villes revêtus comme les prêtres catholiques; c'est à cause de cela que bien souvent dans les temps de persécution des prêtres grecs catholiques entraient dans la ville déguisé en paysans, portant des herbages sur leur dos comme s'ils allaient les vendre au marché, et ce n'était qu'à la faveur de ce déguisement qu'ils pouvaient pénétrer dans les maisons de leurs coreligionnaires et leur administrer les Sacrements; mais depuis l'émancipation des catholiques, le clergé de ces deux villes reprit son ancienne forme de vêtements, semblable à celle de tout le restant du clergé grec catholique dans tous les pays soumis à la domination de la Sublime Porte. Car Dieu fit descendre une pensée de miséricorde dans le cœur de l'Empereur des Turcs, qui, reconnaissant la fidélité de ses sujets catholiques et les injustices que lui faisaient commettre leurs ennemis, décida leur émancipation.

L'émancipation des Catholiques dudit empire ne date que de dix ans. Elle fut solennellement reconnue et publiée par un hatti-chérif qui porte la date du 21 de rajab 1246 (correspondant à l'année 1830) émané de la chancellerie du sultan Mahmoud, et enregistré au greffe de tous les tribunaux de son empire. Un Patriarche catholique fut alors établi à Constantinople. Il devait être l'organe de tous les sujets catholiques du vaste empire ottoman, dans leurs rapports civils avec la Sublime Porte. Il fut stipulé que le culte catholique, ses églises, ses couvents et monastères, et ses autres établissements ecclésiastiques, seraient séparés et reconnus indépendants des autres communions hétérodoxes, et que ses ministres jouiraient de la même indépendance. Les termes du hatti-chérif sont à cet égard très-précis. Le sultan

Mahmoud enjoint très-expressément, par cette ordonnance, aux Patriarches, Évêques et autres supérieurs ecclésiastiques du rite non-catholique de ne s'immiscer en rien dans les affaires de ses sujets catholiques, et de renoncer à toute autorité sur eux. En suite de ses dispositions, il accorda à Monseigneur Maximos Mazloum, chef de la nation des Grecs catholiques, un diplôme spécial pour administrer les trois diocèses d'Antioche, d'Alexandrie et de Jérusalem, et diriger les affaires spirituelles des provinces qui en dépendent. La traduction de cette pièce, contenant des priviléges précieux en sa faveur, a été insérée dans plusieurs journaux.

Cet Évêque avait été élu canoniquement, le 24 mars 1833, Patriarche d'Antioche, d'Alexandrie et de Jérusalem, dans un synode des Évêques de toute la nation grecque catholique, tenu dans le monastère de St-Georges d'Elgarb, sur le Liban, et fut ensuite confirmé dans cette dignité par le Souverain Pontife régnant, en consistoire, et se trouve ainsi, ecclésiastiquement et civilement, chef légitime de toute la nation grecque catholique dans le Levant.

Diverses autres autorisations furent aussi accordées alors, par la Sublime Porte, à plusieurs de ses Évêques suffragants. La Sublime Porte accorda, depuis, à tous ses sujets chrétiens et juifs, une pleine et entière liberté, quant à la forme et à la couleur des vêtements, de manière que le plus grand parmi la noblesse mahométane, comme le plus petit parmi les Chrétiens ou les Juifs, purent se vêtir suivant leur bon plaisir. A la suite de cette faculté, accordée à tous les sujets de l'empire ottoman, la nation grecque catholique y jouit de la paix et de la tranquillité; mais elle fut de bien courte durée pour ladite nation, qui n'en jouit que pendant peu de temps, c'est-à-dire jusqu'à l'année 1837. Cependant, malgré des actes aussi authentiques et aussi explicites dans leurs expressions, le susdit Patriarche Mazloum, ses Évêques, ses Curés et les Religieux qui reconnaissaient son autorité n'en furent pas moins exposés à de continuelles persécutions de la part des Grecs schismatiques, en voici les preuves :

Methodio, Patriarche d'Antioche, et Jerotheo, Patriarche d'Alexandrie, réunissant leurs efforts à ceux des Évêques non-catholiques de ses provinces, agirent si puissam-[illegible]rès de leur chef, le Patriarche de Constantinople, que celui-ci obtint de la Sublime Porte un firman, injuste dans ses dispositions, daté du mois de safar l'an 1253 de l'hégire (correspondant à l'année 1837 de l'ère vulgaire). Cette pièce, remplie d'allégations mensongères contre Monseigneur Maximos Mazloum et les fidèles qui reconnaissaient son autorité, contient plusieurs dispositions fâcheuses, entre autres la défense aux personnes non-catholiques d'embrasser la religion orthodoxe, et des menaces horribles contre le clergé catholique, s'il recevait dans sa communion des sujets dissidents; enfin, il était ordonné à tout le clergé grec catholique de changer le costume qu'il portait, suivant le rite.

Le Patriarche Methodio, muni de ce firman, et appuyé de la protection du Consul-général de la Grèce en Égypte, ami intime de S. A. le Vice-Roi, se transporta de Damas au Caire, où Monseigneur Mazloum faisait sa visite pastorale, en septembre 1837. Il fit, dans cette capitale, tout ce qu'il put, non-seulement pour mettre à exécution le firman dont il était porteur, mais encore pour obtenir du Vice-Roi de nouveaux ordres, et en augmenter la rigueur contre le clergé et les Grecs catholiques. Cependant, malgré ses efforts, réunis à ceux du Patriarche d'Alexandrie, malgré les intrigues du Consul grec, il ne put amener Monseigneur Mazloum à reconnaître le firman, et à souscrire à son exécution. Le Consul grec réussit seulement à lui faire refuser une audience du Vice-Roi, qu'il avait vainement sollicitée, pendant les quatre ans de son séjour en Égypte, lorsqu'il est notoire que S. A. consent toujours à recevoir les personnes marquantes qui désirent lui parler. Monseigneur Mazloum fut puissamment soutenu dans son opposition par la protection de M. de Lesseps, alors Consul de France; mais, malgré son appui, ils ne furent pas moins contraints, par les ordres du Vice-Roi, son clergé et lui, à demeurer inactifs dans leurs domiciles, jusqu'au mois de sciaban de la même année 1253. A cette époque, le sultan Mahmoud donna un second firman, qui prescrivit la réunion au Caire d'une assemblée solennelle, composée de toutes les autorités civiles et judiciaires, devant laquelle devait comparaître Monseigneur Mazloum, avec ses deux adversaires, les Patriarches précédemment indiqués, et que là, leurs prétentions ayant été débattues, les raisons discutées et les moyens réciproques examinés, un jugement serait rendu, comme il paraîtrait équitable au tribunal, lequel jugement serait transmis à la Sublime Porte pour être converti en firman exécutoire.

Mais les adversaires de Monseigneur Mazloum, persuadés que leurs prétentions seraient infailliblement rejetées, firent tant auprès du Vice-Roi, furent si puissamment aidés par les intrigues du Consul grec, et prodiguèrent si efficacement l'or auprès des personnes puissantes qui le préfèrent à la justice, que le Vice-Roi fut amené à révoquer les ordres qu'il avait donnés pour l'exécution du firman de la Porte. Leurs démarches ne se bornèrent pas là, et par de nouveaux efforts, faits à Constantinople, soutenus par la protection de personnages en faveur, et au moyen de la clef d'or, ils parvinrent à obtenir de la Sublime Porte un troisième firman, daté de rabih-aker an 1231 de l'hégire, qui confirme les dispositions du premier, comme si le second n'avait jamais existé. En vertu de ce nouveau document, Monseigneur Mazloum fut en butte aux persécutions de ses adversaires, et comme il refusa de se prêter à son exécution, il fut détenu pendant trois mois dans sa propre habitation, jusqu'à ce que Dieu, prenant en pitié sa situation, porta le sultan Mahmoud à émettre un quatrième firman.

Cette pièce, qui porte la date du mois de ramadan 1231, ferme la porte à toute contestation, en repoussant les prétentions des Grecs schismatiques, en ordonnant le silence aux parties contendantes, et en reconnaissant l'égalité de leurs droits respectifs.

Mais les deux Patriarches grecs schismatiques, altérés de ce résultat inattendu, eurent recours à la protection de la Russie, et à leurs moyens ordinaires de corruption; de sorte qu'à force d'or, ils obtinrent de la Sublime Porte un cinquième firman, portant la date du mois de rabih-aker 1233. Ce firman, accordé aux sollicitations de l'Ambassadeur russe à Constantinople, fut envoyé par lui à son Consul-général à Alexandrie, à l'insu de l'Ambassadeur de France, M. le baron Roussin. Ce cinquième firman était en substance conçu dans les mêmes termes que le premier, et Monseigneur Mazloum se trouva de nouveau exposé à la persécution; mais heureusement elle dura peu, car M. le baron Roussin, de concert avec l'Ambassadeur de Russie, décida la Sublime Porte à publier un sixième firman. Par celui-ci ses adversaires furent réduits au silence, et leurs prétentions anéanties. Il stipulait que les deux clergés, grec catholique et grec non-catholique, seraient désormais distingués par leur costume; que ce dernier conserverait celui anciennement adopté par lui, mais que les catholiques se reconnaîtraient aux quatre distinctions suivantes, savoir : 1° que l'habillement extérieur serait violet; 2° que le Patriarche et les Évêques porteraient une croix sur la poitrine, suspendue à une chaîne entourant le cou; 3° qu'ils placeraient un anneau à la main droite, en conservant pour coiffure le *camilafco* couvert d'un voile de soie noire, ainsi que le prescrit le rite grec; 4° que tous les Curés et les Moines placeraient sur leur camilafco un voile de laine noire, et que, moyennant ces quatre distinctions, qui ne sont et n'ont jamais été adoptées par les Grecs non-catholiques, la séparation entre les ministres des deux rites rivaux serait opérée. Ce firman, qui porte la date du 4 gemad-aker de l'année 1253, a été enregistré au greffe de tous les tribunaux de l'Egypte et de la Syrie. Dès-lors, Monseigneur Mazloum s'empressa d'en mettre à exécution les dispositions qui le concernaient ainsi que son clergé; et tout le monde crût, avec raison, que la question en litige était désormais résolue.

Mais ils n'en furent pas satisfaits; les deux Patriarches schismatiques ne demandaient à la Sublime Porte un ordre pour le clergé catholique de changer son costume, que pour couvrir les apparences; car leur fin était tout autre, leur but étant de forcer les Grecs catholiques de retourner sous leur domination absolue, ainsi qu'ils l'avaient été dans un temps, c'est-à-dire, non-seulement de fermer la porte au catholicisme, mais encore d'attirer les Catholiques au schisme par des persécutions continuelles, ainsi que l'on peut s'en convaincre par la supplique présentée, dans le temps, par le Patriarche Methodio, au Vice-Roi d'Égypte, dans laquelle il sollicitait dix ordres différents, très-sévères, sur diverses matières; mais le Vice-Roi lui répondit qu'il ne pouvait accorder aucun ordre à ce sujet, sans un firman émané de la Porte. Ils s'agitèrent alors de nouveau, intriguèrent avec une activité tenant de la rage, portèrent leurs plaintes et leurs doléances au synode de St-Pétersbourg, et les firent parvenir même à S. M. l'Empereur de toutes les Russies. Comme l'affaire était présentée par eux sous le point de vue le plus favorable à leurs intérêts, l'Ambassadeur russe à Constantinople, ramené à leur manière de voir, profita de l'absence de M. le baron Roussin, et de la situation critique où la mort du sultan Mahmoud avait placé la Porte Ottomane, pour arracher au jeune Abdul-Megid, sultan nouvellement élevé sur le pavois, un septième firman, en forme de hatti-chérif, formulé en termes plus précis et plus impératifs que les précédents, et il le fit immédiatement passer à son Consul à Alexandrie. Celui-ci le présenta au Vice-Roi, et le requit de donner les ordres les plus sévères pour qu'il fut sans délai mis à exécution. Cependant, les dispositions de ce nouveau décret étant parvenues à la connaissance de Monseigneur Mazloum, qui s'était transporté du Caire à Alexandrie, et les trouvant essentiellement contraires à l'esprit de la sainte religion catholique, il se concerta avec M. le chevalier Cochelet, Consul-général de France en Égypte, (homme plein de zèle et de bonne volonté, qui, depuis son arrivée jusqu'à cette époque, ne cessa de lui donner des marques d'intérêt), pour faire suspendre l'exécution de ce firman, et lui donner le temps de recourir à la justice de la Sublime Porte. Alors le Vice-Roi ordonna que Monseigneur Mazloum et son clergé fussent détenus dans leurs maisons respectives. Contraint d'obéir, Monseigneur dut rester enfermé chez lui avec un de ses Évêques et tous les Curés, pendant le temps de sept mois consécutifs, sans pouvoir mettre le pied hors de sa maison. Son Évêque au Caire, son Vicaire et tous les Curés ont été également tenus aux arrêts; la même détention a eu lieu pour son Vicaire et le clergé de Damiette.

Les trois Patriarches grecs schismatiques d'Antioche, d'Alexandrie et de Jérusalem, ainsi que tous leurs coreligionnaires, dans toute la Syrie et dans toute l'Égypte, peuvent à peine former le tiers de la nation grecque catholique, et cependant ils persécutent celle-ci avec force.

Dans cet intervalle, le Consul russe excitait le Vice-Roi à publier, de temps en temps, des ordres sévères et menaçants pour l'exécution du firman impérial. Il arracha au Vice-Roi l'autorisation de venir en personne chez Monseigneur Mazloum, avec des soldats, pour le contraindre par des mauvais traitements et des coups à accepter et exécuter le funeste firman. Il se serait indubitablement porté à cet excès, si M. le chevalier Cochelet ne s'y était opposé avec énergie. Pendant ces longues journées de tribulation, le Patriarche Methodio triomphait. C'était non-seulement des effets produits par son firman inique dont il était satisfait, mais encore de l'influence toute puissante de la Russie, qui prenait ouvertement les Grecs de l'Empire Ottoman sous sa protection. En preuve de la sollicitude du souverain de ce vaste empire pour la nation et la religion grecque, le Patriarche montrait avec complaisance les riches présents arrivés de S'-Pétersbourg à Alexandrie dans le courant du mois de février 1840, et adressés au Consul russe, qui en avait formé une exposition publique qui dura plusieurs jours. Ces présents consistaient en plusieurs vases sacrés d'or et d'argent, enrichis de pierreries; en vêtements sacerdotaux brodés avec luxe; en couronnes et mitres patriarcales et épiscopales d'or, ornées de gemmes précieuses; en divers ornements d'autel et d'église d'une grande valeur; en croix grandes et petites pour autel et pour bénédiction, en argent et en or, garnies de pierreries; en tableaux de prix, et en diverses riches étoffes en pièces propres à faire des vêtements d'église. Ces cadeaux étaient partagés en trois groupes, et nominalement destinés aux trois Patriarches d'Alexandrie, d'Antioche et de Jérusalem, à quelques Évêques, et à des églises.

Le Patriarche Methodio, dépositaire de ces riches et précieux dons, voulut les distribuer lui-même, et faire exécuter en Syrie les mesures prescrites par le firman. Le Consul russe sollicita à cet effet du Vice-Roi des lettres, adressées aux différents Gouverneurs de la Syrie, avec les instructions nécessaires pour l'aider dans ses démarches à ce sujet. Muni de ces différentes pièces, ce prélat quitta la ville d'Alexandrie, le 16 mars 1840, pour se rendre à Beyruth. Arrivé dans cette dernière ville, il y prolongea sa résidence jusqu'au mois de mai. Son intention était d'aller ensuite à Damas; mais ayant appris que la peste s'était déclarée dans cette cité, il jugea à propos d'envoyer à sa place son Archidiacre, avec l'ordre du Vice-Roi, adressé à Schérif Pacha, Gouverneur-général de la Syrie, pour la publication et l'exécution du firman en question. Celui-ci attendit pour cela la cessation de la peste; ainsi cette mesure ne fut prise qu'au mois d'août, époque à laquelle le Vicaire patriarcal et le clergé grec catholique furent détenus prisonniers dans le palais patriarcal. Cet adoucissement à la rigueur des ordres reçus fut accordé aux instances de M. le comte de Ratti-Menton, Consul de France auprès du Gouverneur, et sans lui, les ecclésiastiques n'auraient pas échappé à la punition du bâton, et auraient été détenus dans la prison publique. Leur incarcération durerait encore, si les récents événements dont la Syrie a été le théâtre n'y avaient mis un terme, en engageant Ibrahim Pacha à donner les ordres nécessaires à leur mise en liberté.

Ces événements n'ont pas eu un résultat bien favorable pour les Catholiques de Syrie; car dès que Beyruth a été au pouvoir des puissances alliées, les Grecs non-réunis se sont portés à l'église de Belegrin, propriété des Catholiques, et les en ont chassés. De plus, le Patriarche Methodio, qui se trouvait alors dans la montagne, se rendit en toute hâte à Beyruth, et se présenta au Généralissime ottoman Izat Mohamed Pacha, pour l'inviter à donner les ordres nécessaires à l'exécution du firman émis en sa faveur par la Sublime Porte.

On peut se faire une idée dans quelle pénible situation durent se trouver alors Monseigneur Mazloum et son pauvre tropeau catholique, au milieu de tant d'ennemis et de persécuteurs acharnés, et les souffrances sans nombre que dut éprouver ce vénérable Patriarche, ainsi que ses Évêques et son clergé, pendant ces quatre dernières années; on peut juger des immenses sacrifices d'argent qu'il fut forcé de faire pour obtenir de la Porte trois firmans, détruisant les effets des trois que ses ennemis et ceux de la religion lui opposaient; on peut mesurer la grandeur des dépenses auxquelles il a fallu souscrire, pour faire venir de la capitale les diplômes dont il avait besoin pour ses Évêques, pour lui-même, et pour obtenir des différentes cours de justice et des docteurs de la religion mahométane des décisions légales, favorables à sa cause. On peut voir enfin par là à combien de travaux apostoliques il aurait pu se livrer, lui et ses Évêques, et combien d'avantages il aurait procuré à la religion catholique et à ceux qui la professent dans le Levant, s'il ne s'était pas trouvé dans des circonstances aussi difficiles, et si tous ses efforts, son temps et sa bourse, n'avaient dû être employés à se défendre contre les attaques incessantes de la persécution. Car tout le Levant a été témoin du bien que Dieu a daigné opérer par lui à l'avantage de la religion catholique, et de son zèle et de sa sollicitude pour le salut des âmes, pendant les quatre premières années de son patriarcat, avant que cette terrible persécution, contre lui et ses nationaux, ne se fût organisée.

Nous devons avouer que la France, par l'intermédiaire de son Ambassadeur à Constantinople, et de ses Consuls en Égypte et en Syrie, a continuellement entouré Monseigneur Mazloum d'une protection active, tant en sa qualité de chef de la nation grecque catholique, qu'en celle de naturalisé français, et que, si elle n'a pas atteint le but proposé, on ne doit l'attribuer qu'aux intrigues de la cour de Russie auprès de celle de Constantinople.

Par exemple, à l'occasion du dernier firman obtenu par l'Ambassadeur russe, S. Exc. le Ministre des affaires étrangères, à Paris, a bien voulu écrire à M. le comte de Pontois, Ambassadeur de France à Constantinople, le 25 janvier de l'année dernière, et lui prescrire les dispositions relatives à cette affaire, entre autres celle de faire à la Sublime Porte de pressantes représentations sur ce qui se passait, et de demander au moins qu'il fut donné suite au firman émané dans le mois de sciaban 1253, afin que l'assemblée dont il prescrivait la réunion eût lieu; que les parties contendantes y fussent appelées, et qu'après que les raisons respectives auraient été entendues, le tribunal pût prononcer en connaissance de cause, et formuler un jugement conforme à l'équité.

Mais voilà plus d'un an que cette dépêche a été expédiée; dans cet intervalle, M. le consul Cochelet a écrit plusieurs fois à M. l'Ambassadeur, à ce sujet. M. de Pontois a fait à Reschid Pacha les communications dont il était chargé; cependant, par les mêmes motifs relatés précédemment, les choses n'en sont pas moins restées dans la même situation.

Arrivons maintenant à la conclusion du présent mémoire: la France, qui, pendant tant de siècles, a conservé le droit et la prérogative de protéger le culte catholique et ses ministres dans toute l'étendue de l'empire ottoman; qui en a été à juste raison jalouse, au point de ne pas souffrir que d'autres états catholiques partageassent avec elle cette protection, et s'immisçassent dans l'exercice de ce droit; la France, cette haute puissance, n'ignore pas que pour exercer maintenant et à l'avenir ce droit d'une manière utile et avec quelque efficacité, il ne suffirait pas aujourd'hui d'employer les faciles moyens qui étaient autrefois plus que capables de défendre le culte catholique et ses ministres et de les protéger contre les rares vexations et la malveillance des seuls turcs. Il n'y avait alors nulle part des Consuls grecs et russes, on trouvait tout au plus dans les principales résidences, des Consuls de quelque état du second ordre faisant au besoin les fonctions de Consuls de Russie. Mais maintenant les choses ont bien changé. On rencontre d'abord partout des sociétés bibliques et d'autres sectes hétérodoxes. Dans toutes les villes un peu considérables de l'empire ottoman, des Consuls généraux et particuliers de Grèce sont établis; et comme ce petit état ne peut pas assigner à ces magistrats des traitements bien considérables, ces emplois sont le plus souvent confiés à de riches négociants grecs, qui les exercent *ad honores*, et qui haïssent mortellement les Catholiques. Quand on ne compterait parmi eux que le Consul actuel d'Égypte, il y en aurait assez pour porter le trouble dans toute la nation catholique d'un vaste empire. En effet, toute la population du Caire a été témoin, non seulement du mal qu'il a fait personnellement aux Catholiques, ces quatre dernières années, mais encore des vexations sans nombre qu'ils ont éprouvées de la part d'un simple interprète du vice-consul grec du Caire. De plus, les Patriarches et les Évêques grecs se servent des janissaires employés auprès des Consuls de Morée, chaque fois qu'ils veulent opérer une arrestation ou incarcérer quelqu'un. C'est ce qui est arrivé à quelques prêtres catholiques arrêtés au Caire par les ordres du vicaire du Patriarche d'Alexandrie. Enfin, il n'existait pas autrefois des Consuls généraux et particuliers de Russie, et cette ambitieuse puissance n'exerçait pas l'influence qu'elle exerce aujourd'hui; elle n'avait pas pris ouvertement sous sa puissante protection les Grecs schismatiques du vaste empire ottoman, et de nombreux apôtres de sectes hétérodoxes ne se montraient pas ostensiblement comme on le voit de nos jours.

Les hommes qui ont des vues saines en politique sont bien loin de croire que la Russie ait déployé envers les Grecs schismatiques levantins tant de bienveillance et une si haute protection dans un but de charité ou de religion, puisque l'on sait bien qu'il n'existe entre ces deux nations aucun lien de communauté ni d'union religieuse; car ils ne reconnaissent, dans le synode de S'-Pétersbourg, ni l'autorité ni la supériorité du Patriarche grec de Constantinople, que les Grecs considèrent comme chef absolu de l'église grecque.

La Russie sait que la France fut toujours puissante pour protéger en Turquie toutes les nations qui recouraient à elle, ce qui lui valait une haute influence dans le Levant. Le cabinet de Saint-Pétersbourg a donc cru qu'en s'emparant de la protection des Grecs schismatiques, en les caressant et en embellissant leurs églises, elle acquerrait sur eux une grande influence, et que de cette manière elle diminuerait d'autant celle de la France, et même elle espère par là, amener à elle une partie des Catholiques du Levant. Une preuve de ce que l'on avance, c'est que dans le mois d'octobre 1840, le Consul russe de Beyruth fit publier un avis dans cette ville, portant qu'il avait reçu l'ordre de son souverain de protéger et d'aider autant qu'il était en lui tous les chrétiens quel que fût le rite auquel ils appartiendraient, et qu'il fit la même déclaration à deux Évêques grecs catholiques en personne. Ajoutant qu'il était prêt à les servir dans tous leurs besoins et les priant de faire connaître ses intentions à tous les autres Évêques catholiques, parce que telle était la volonté de son maître.

D'après cet état de choses, il est évident que la manière dont s'exerçait, dans les temps antérieurs, la protection de la France à l'égard du culte catholique et de ses ministres dans l'Empire Ottoman, n'est plus aujourd'hui assez énergique et assez efficace, vu les grands changements qui se sont opérés, attendu les circonstances présentes, et la position nouvelle dans laquelle se trouve cet empire. Ainsi, il conviendrait que cette puissance très-chrétienne renouvelât ses traités avec la Sublime Porte, et fît reconnaître en termes plus clairs et plus précis, son antique droit de protection, stipulant expressément que tous les ministres du culte catholique de l'empire, à quelque nation qu'ils appartinssent seraient sous la protection immédiate de la France. La qualité de ministre du culte, comprend naturellement tous les rangs de la hiérarchie, depuis les Patriarches et les Évêques, jusqu'aux Curés et Religieux; de même les églises et les établissements ecclésiastiques jouiraient de cet avantage. Il devrait être expressément convenu que ces ministres ne seraient soumis à nulle autre autorité civile que celle de la France. Quant à ce qui est des Catholiques séculiers, sujets de l'Empire Ottoman, ils ne seraient pas soustraits à l'autorité locale et dispensés des charges publiques, mais ils devraient payer les droits et impositions légalement établies par les lois de l'empire. De même les biens et immeubles appartenant aux églises catholiques, aux monastères, aux établissements pieux, ceux dépendants des siéges patriarcal et épiscopaux, seraient soumis aux taxes légales, et devraient payer les impositions ordinaires, mais les seules personnes des ministres du culte catholique, les lieux de leur habitation, et seulement les bâtiments des églises, monastères, collèges et autres semblables établissements seraient indépendants de toute autorité locale, et soumis uniquement à celle de la France, comme sont les missionnaires romains.

En effet, cette proposition loin de paraître extravagante doit être considérée nécessaire et opportune. Il faut espérer que la haute sagesse de Sa Majesté le Roi des Français, voudra, et saura la mettre à exécution. La Porte Ottomane ellemême montrera d'autant moins d'éloignement à faire à la France les concessions réclamées par elle, que sa condescendance ne blessera pas ses intérêts pécuniaires; car les ministres de tous les cultes sont regardés par elle comme privilégiés, pour ce qui a rapport aux charges auxquelles sont assujéties les autres personnes, ils sont même dispensés du payement des droits de douane pour les objets qu'ils reçoivent de l'extérieur, ainsi le trésor impérial n'éprouverait aucune perte.

N. B. Le Patriarche grec catholique, possède quatre résidences : l'une à Damas, comme Patriarche d'Antioche ; l'autre au Caire, comme Patriarche d'Alexandrie ; la trosième à Jaffa, comme Patriarche de Jérusalem et la quatrième au mont Liban, à côté du collége national (diocèse de Beyruth), comme point central de la résidence des autres Évêques.

Les diocèses qui dépendent immédiatement du Patriarche grec catholique et qu'il gouverne comme leur propre pasteur, sont les suivants : Damas et tous ses environs ; le Caire, Alexandrie, Damiette, Rosette, les lieux de toute l'Égypte dans lesquels se trouvent des Grecs catholiques, Jérusalem, Jaffa et ses environs, et tous les lieux dans les trois patriarcats où se trouvent des Grecs catholiques qui ne ressortent d'aucun Évêque ; il gouverne encore tous les diocèses dont les siéges sont vacants, mais seulement pendant la vacance.

Les autres diocèses qui, ayant leur propre pasteur, dépendent également de lui, mais seulement par l'intermédiaire de leurs Évêques, sont actuellement :

Alep,	titulaire	Mgrs.	Grégoire Chaïat,	Archévêque.
Tyr,	id.	id.	Ignace Karout,	id.
Bosra et Aouran,	id.	id.	Cirêle Fesfouss,	id.
Diarbekir,	id.	id.	Macario Samman,	id.
Seyde,	id.	id.	Théodosio Coyumgi,	Métropolitain.
Beyruth,	id.	id.	Agabio Riachi,	id.
St.-Jean-d'Acre,	id.	id.	Clément Bah-hous,	Évêque.
Fourzole,	id.	id.	Basile Chaïat,	id.
Balbek,	id.	id.	Atanasios Oubéït,	id.
Tripoli de Syrie,	id.	id.	Atanasios Tutuogi,	id.
Homs...	... Évêque élu, mais non encore consacré.			id.

Et chaque diocèse susnommé tient présentement plusieurs siéges épiscopaux des anciens diocèses, gouvernés par des Curés.

Il y a en outre deux Évêques suffragants et Grands-Vicaires patriarcaux, qui sont Monseigneur Basilio Kafouri, à la résidence du Caire, et Monseigneur Mélatio Fendó, à la résidence de Jérusalem.

Il se trouve actuellement dans la nation grecque catholique, trois congrégations de Moines; toutes les trois de l'ordre de Saint-Basile le grand :

L'une a le titre de Scinariti Aleppini ;
L'autre id. de Scinariti Paysani ;
Et la 3me id. de Sanctissimo Salvatori.

Chacune de ces congrégations a divers monastères d'hommes et de femmes.

Outre les classes de Curés séculiers, en grand nombre, qui sont Curés de la nation, beaucoup de Prêtres réguliers sont approuvés par l'ordinaire local, dans leur diocèse, en qualité de missionnaire.

Il y a encore une autre classe de Prêtres séculiers, sous le titre de clergé patriarcal, lesquels reçoivent du Patriarche les ordres sacrés pour le service des églises qui sont immédiatement soumises à son siége et jouissent de la préséance sur tout le clergé de la nation.

Dans chaque diocèse il y a plusieurs écoles pour les enfants, et de plus la nation possède un collége national fondé à Ain-trez, dans le diocèse du Beyruth, pour les jeunes gens qui se destinent à l'état ecclésiastique séculier. Et d'après les régles de ce collége, on reçoit et on entretient gratuitement des jeunes gens de tous les diocèses.

L'élection du Patriarche appartient au synode des Évêques nationaux, dans lequel il est élu par le scrutin, et sitôt après l'élection, il jouit de toute l'autorité patriarcale. Les actes de l'élection s'envoient au Souverain Pontife romain, lequel, dans un consistoire, les approuve, et expédie, au nouveau Patriarche, *il sacro Pallio.*

L'élection, l'ordination et l'autorisation d'exercer, des nouveaux Évêques appartient au Patriarche seul, avec le consentement de ses Évêques.

Au seul Patriarche grec catholique d'Antioche appartient essentiellement le titre de *Patriarche d'Antioche et de tout l'Orient,* ainsi que la préséance sur tous les Patriarches orientaux des autres nations catholiques.

FIN.

www.ingramcontent.com/pod-product-compliance
Ingram Content Group UK Ltd.
Pitfield, Milton Keynes, MK11 3LW, UK
UKHW021038200726
13857UKWH00005B/1800

9 782012 843127